AF345687

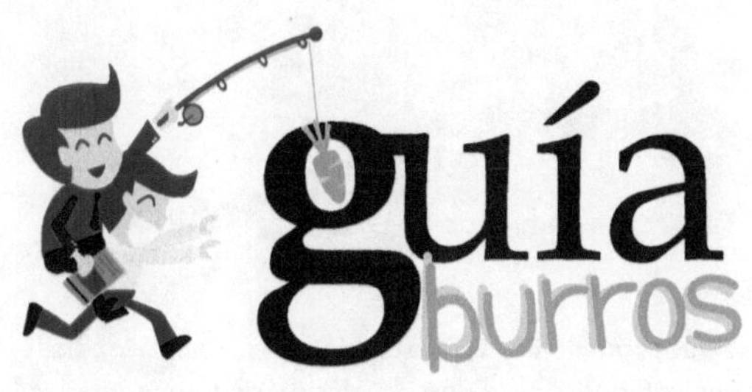

EL ARTE DE LA GUERRA

SUN TZU

Traducción de DANIEL TORRES

www.arteguerra.guiaburros.es

EDITATUM

Si después de leer este libro, lo ha considerado como útil e interesante, le agradeceríamos que hiciera sobre él una **reseña honesta en cualquier plataforma de opinión** y nos enviara un e-mail a **opiniones@guiaburros.es** para poder, desde la editorial, enviarle **como regalo otro libro de nuestra colección.**

Sobre el autor

 **Daniel Torres Vázquez** es un Técnico Superior en Integración Social con una amplia experiencia trabajando con menores en riesgo. Ha estudiado Filosofía en la UNED y lleva desde 2013 vinculado al mundo del libro.

La historia, cultura, religión y pensamiento del Mundo Antiguo y Oriente son las especialidades de este autor que, además, es también un estudioso y practicante de las artes marciales.

Daniel Torres es también el autor de un título de esta misma colección: *GuíaBurros: ¿Con qué filósofo te quedas?* y traductor de *GuíaBurros: El libro de los cinco anillos.*

Agradecimientos

A mis padres, a Alba y a mi abuela.

A mi tío Sebastián, por regalarme El Arte de la Guerra y otros tantos libros maravillosos cuando era un chaval.

A Carlos González Calzas y Francisco Vivas, mis maestros de Kung Fu.

A Francisco Vega, que al igual que el bisnieto de Sun Tzu es un maestro mutilado.

Por último a mi primo Julián, con quien pasaba infinitas tardes de verano en el pueblo trazando maquiavélicos planes para dominar el mundo.

índice

Introducción

El arte de la guerra de Sun Tzu, es uno de esos libros que todos deberíamos leer por lo menos una vez en la vida. El inmenso valor que posee este texto no reside únicamente en su importancia histórica, que es mucha y motivo más que suficiente para acudir a sus páginas, sino en lo útil de su contenido.

El arte de la guerra es un tratado de estrategia militar y ciencia política. Escrito en una época violenta y convulsa, de la cual hablaremos más adelante, este libro es un hijo de su tiempo que no se entretiene en sesudas reflexiones filosóficas ni en sofisticados juegos de palabras: va directamente al grano, explicando de manera sencilla cómo ha de actuar un líder en tiempos de guerra para garantizar la supervivencia de su pueblo. Pero la sabiduría que ofrece *El arte de la guerra* no se agota en los campos de batalla y en los despachos de los generales, pues se puede aplicar en cualquier ámbito o circunstancia de la vida cotidiana en el que esté presente la disputa y la competencia. Ante todo, *El arte de la guerra* nos enseña a prevalecer sobre nuestros rivales.

El Arte de la guerra se atribuye a Sun Tzu, una figura legendaria que supuestamente ostentó el generalato durante la Era de los Reinos Combatientes. Lo poco que sabemos de Sun Tzu es lo que el historiador del siglo II a.C. Sima Qian dejó escrito en sus *Memórias históricas,* que no es más que algunos apuntes biográficos y una anécdota bizarra en la que se nos muestra al mítico general entrenando y sometiendo a una dura disciplina a las concubinas del rey de Wu tras haber sido retado por este.

El contexto histórico: una breve historia de China desde sus orígenes legendarios hasta el final de la Era de los Reinos Combatientes.

China es el nombre que dieron los persas al imperio sobre el que reinaba la dinastía Qin en el siglo III a.C. El nombre que los lugareños daban, y siguen dando, a su tierra era muy distinto: "Zhonguó".

Zhonguó significa, literalmente, "País del Centro". En sus orígenes, dicho País del Centro se configuraba en torno a la cuenca del Río Amarillo, más o menos a la altura de la actual provincia de Henan. Dirigido por los semilegendarios Xia (2207-1765 a.C.) primero y por los, más fácilmente rastreables, Shang (1765-1122 a.C.) después, el País del Centro fue creciendo poco a poco a la par que iba conquistando y sometiendo o asimilando a los reinos, estados, tribus y pueblos que le rodeaban.

Los crueles Shang, recordados hoy en día sobre todo por su afición a los sacrificios humanos, fueron depuestos por una dinastía cuyos orígenes se encontraba en uno de esos estados que posteriormente fueron fagocitados por Zhonguó: los Zhou (1122-256), provenientes de la actual provincia de Shanxi.

Los Zhou fueron la dinastía que más tiempo estuvo en el poder: lo ostentaron durante casi mil años. Los Zhou fueron retratados como gobernantes modélicos por Confucio y sus sucesores y pasaron a la historia como tales.

El poder de los Zhou, al igual que el de sus antecesores, era de carácter divino. La religiosidad de la China arcaica se basaba, fundamentalmente, en las prácticas adivinatorias y en el culto a los antepasados, descendiendo el Emperador Zhou del más importante de todos los ancestros: el mismísimo Cielo *(Tien)*. El emperador recibía del Cielo el mandato para gobernar, siendo esto lo que legitimaba y justificaba su poder. Gracias a las funciones sacerdotales del emperador, que era el principal mediador entre el pueblo y lo divino, imperaba la paz y la armonía en Zhonguó.

Un nutridísimo cuerpo de funcionarios asistía al emperador en el ejercicio del gobierno y este a su vez delegaba en familias aristocráticas la gestión de las distintas provincias. Las provincias, conforme iba pasando el tiempo, iban adquiriendo cada vez más y más autonomía, hasta que llegó el momento en el que se convirtieron en principados para pasar, posteriormente, a ser reinos independientes sobre los que los Zhou no tenían ya ningún poder.

Los conflictos entre los nuevos reinos y los Zhou, que conservaban el control de la provincia capital y el título de emperador, no tardaron en surgir, comenzando así la Era de los Reinos Combatientes (453-222).

La Era de los Reinos Combatientes fueron doscientos años de guerras ininterrumpidas en las que un puñado de estados se disputaba la hegemonía mientras otros se limitaban a luchar por no desaparecer del mapa. *El arte de la guerra* retrata a la perfección el espíritu de este tiempo: una época en la que hay que hacer lo que haga falta para sobrevivir; un periodo en el que el más mínimo detalle puede suponer la supervivencia o la aniquilación de un pueblo…

El fin de la era se saldó con la caída de los Zhou y el surgimiento de una nueva dinastía: los Qin que lograron unificar a todo el país bajo su mando.

La era dorada del pensamiento chino

Durante Era de los Reinos Combatientes no fue todo caos, muerte y destrucción, pues fue en esta época cuando el pensamiento chino alcanzó sus más altas cimas. Curiosamente, este florecimiento coincidió con el nacimiento de la filosofía griega y con la configuración de los sistemas filosóficos del hinduismo y el surgimiento del budismo. A lo largo de la Era de los Reinos Combatientes, y en parte debido a ésta, se desarrollaron los siguientes sistemas de pensamiento y surgieron las siguientes personalidades.

- **Kong Qiu y el confucianismo**:
  Kong Qiu, al que los jesuitas dieron el nombre de Confucio, es, sin duda, el pensador más importante e influyente de China y su órbita.

Natural del Reino de Lu, pertenecía a la Escuela de los Letrados, la cual estaba compuesta mayoritariamente por exfuncionarios que habían perdido su empleo a causa de la guerra y la crisis del sistema político de los Zhou. Estos antiguos funcionarios, que eran conocedores de los ritos y de los textos clásicos, se vieron obligados a reinventarse, cosa que hicieron convirtiéndose en maestros privados.

Confucio deseaba, más que nada en el mundo, alcanzar un puesto político relevante mediante el cual pudiese reformar a la sociedad China. Viendo sus deseos frustrados, se retiró y dedicó el resto de su vida al estudio y la enseñanza. Confucio nunca se consideró un pensador original, sino un recopilador y un renovador de las antiguas tradiciones. Pretendía reformar y armonizar la sociedad a través de la piedad filial, concepto según el cual cada quien ha de aceptar y desempeñar intachablemente su rol social además de respetar la jerarquía, en cuya cúspide, solo por debajo del Cielo, se encontraría el emperador. El rol del emperador es fundamental, pues él tiene el deber de educar a su pueblo a través del ejemplo. Todos, y el emperador el primero, deben ejercitarse en el uso de la virtud, siendo las virtudes capitales del confucianismo la justicia, la benevolencia y la rectitud. Pese al rechazo inicial que causaron, estos tópicos terminarían convirtiéndose en la forma de pensamiento dominante de China durante el resto de su historia, gracias, en parte, a los dignísimos sucesores que tuvo Confucio, entre los cuales hay que destacar a Mencio.

- **Lao Tzé, Zhuangzí y el taoísmo filosófico:**
  No es de extrañar que en tiempos de muerte, decadencia y miseria surjan doctrinas, bien religiosas, o bien filosóficas, que traten el tema de la inmortalidad, la salvación y la transcendencia.

  Podemos traducir burdamente la palabra *tao* como senda o camino que ha de transitarse o trazarse. El taoísmo tiene dos vertientes, una religiosa, centrada en la búsqueda de la inmortalidad, o de la elongación de la vida en su defecto, y otra filosófica, configurada en el siglo IV a.C. por Lao Tzé y Zhuangzí. Si bien la propuesta del taoísmo religioso tenía un carácter eminentemente antinatural, la inaugurada por Lao Tzé ofrecerá todo lo contrario. Para empezar, el maestro Lao resignificará el termino Tao, que a partir de este momento tendrá que escribirse con mayúsculas, pues ahora vendrá definir la realidad última, transcendente e indefinible. En la primera página del *Tao te ching,* Lao Tzé dice: "Aquello que puede ser definido con palabras no es el verdadero Tao". A su vez, este gran Tao, tendrá su pequeño *tao,* pues si uno quiere realizarse en el Tao y ser uno con él, tendrá que transitar por su senda, y esta senda se transita practicando el *wu wei,* el "no hacer". El "no hacer" consiste en no intervenir en el curso natural de las cosas. Liberando a la mente del ego y la volición podremos fluir de manera espontánea y ser uno con el Tao. Y en esto consistían las doctrinas de Lao Tzé, quien según las leyendas nació ya siendo anciano.

En cuanto a Zhuangzi, este era un funcionario que terminó abandonándolo todo para convertirse en ermitaño. Este pensador puso a la dialéctica y la retórica de la Escuela de los Nombres, una especie de versión china de la sofística, al servicio de la doctrina del Tao.

El confucianismo y el taoísmo son las corrientes más celebradas y conocidas en Occidente, pero el pensamiento chino de esa época no se agota ahí: está también la extraña y curiosa propuesta de Gonsung Long, de la Escuela de los Nombres, cuyo único libro suele aburrir y desesperar a los occidentales, y seguro que también a muchos chinos, que se acercan a él; el pacifista Mo Zi, con sus doctrinas sobre la solidaridad mutua y el bien común; o los legistas, que defendían a capa y espada el poder absoluto de los gobernantes.

Sea como fuere, la realidad es que la obra del Maestro Sun ha atravesado culturas y épocas hasta llegar hasta la actualidad en la que se ha convertido en una obra de referencia imprescindible sobre el arte de la estrategia y aplicable en cualquier situación de conflicto o enfrentamiento.

Daniel Torres

El Arte de la Guerra

Sun Tzu

孫子兵法

Capítulo 1

Prolegómenos

Sun Tzu dijo:

Los asuntos militares tienen una importancia vital para el estado, pues de ellos depende si este vive o muere. El arte de la guerra es el *tao* de la supervivencia o la ruina.

Cinco son los elementos que gobiernan al arte de la guerra; están siempre presentes y, por ello, han de ser tenidos en cuenta a la hora de tomar cualquier decisión. Los elementos de los que hablamos son: el *tao,* el cielo, la tierra, el comandante y la disciplina.

» El ***tao*** armoniza los intereses del gobernante y sus súbditos haciendo que estos confluyan. En pos de dichos intereses, el pueblo acatará todas las órdenes de su soberano aunque ello implique perder la vida.

» El **cielo** representa el *ying* y el *yang*, lo cálido y lo frío y el clima y las estaciones del año.

» La **tierra** nos habla de distancias, de proporciones, de peligro y de encrucijadas. Nos habla de la vida y la muerte.

» El **comandante** encarna las siguientes virtudes: sabiduría, rectitud, lealtad, benevolencia y valentía.

» La **disciplina** es el *tao* de la logística, los rangos y la dirección del ejército.

Todo comandante ha de tratar de familiarizarse con estos cinco elementos, pues conocerlos implica ganar, mientras que ignorarlos supone perder. Sírvete de ellos para medir tus capacidades con respecto a las del enemigo al que te vayas a enfrentar planteándote las siguientes preguntas:

» ¿Qué gobernante cuenta con el *tao* a su favor?
» ¿Qué comandante es más habilidoso?
» ¿Quién goza de las ventajas que el cielo y la tierra otorgan?
» ¿Quién es más disciplinado?
» ¿Quién cuenta con el ejército más poderoso?
» ¿Para quién luchan los mejores oficiales y soldados?
» ¿Qué bando distribuye con más sabiduría las recompensas y los castigos?

Contestando a estas preguntas podrás predecir el resultado de cualquier batalla.

Pon al mando a aquellos que sigan al pie de la letra tus indicaciones, pues estos alcanzarán la victoria, y destituye a los que no presten atención a tus directrices, pues esos serán derrotados.

Atiende al consejo que te doy: valora todas las posibles ventajas y haz uso de tu creatividad y de tu ingenio para sacar provecho de ellas. No temas modificar tus planes conforme vayan apareciendo nuevas ventajas.

El arte de la guerra es el *tao* de los engaños. Teniendo esto en cuenta, cuando estés preparado para atacar, muéstrate inofensivo; cuando estés cerca de tu enemigo, procura que éste crea que en realidad estás alejado, y cuando estés lejos de él, fuérzale a pensar que en verdad estás a su lado. Tiende trampas a tus oponentes y sírvete del caos que generes para confundirles y obtener así la victoria.

Trata de atacar al enemigo cuando percibas que se siente seguro y procura evitar la confrontación cuando este disponga de más fuerzas que tú. Si sabes que tu rival tiende a la cólera, haz todo lo que esté en tu mano por irritarle y finge ser débil para que su arrogancia crezca; todo esto le llevará a cometer errores. Nunca permitas que tu oponente se tome un solo respiro, es más, intensifica tus acciones en aquellos momentos en los que sepas que está por la labor de descansar. Trata de dividir sus fuerzas y de atacarle cuando no esté preparado y muéstrate siempre donde menos se te espere. No me cabe ninguna duda de que siguiendo estas directrices vencerás.

 Los comandantes que invierten tiempo y esfuerzo en hacer cálculos antes de entrar en batalla, son los que siempre salen victoriosos. Bajo ninguna circunstancia, un comandante que rehúse calcular podrá obtener la victoria. Calcula y tendrás éxito, no lo hagas y fracasarás, pues calculando es como podrás predecir los resultados de las contiendas.

Capítulo 2

Hacer la guerra

Sun Tzu dijo:

Para reunir y pertrechar un ejército compuesto por mil carros ligeros, mil carros pesados y cien mil soldados, necesitaremos unas mil piezas de oro. Pero los gastos no terminan aquí, pues para financiar las provisiones y el alojamiento de la tropa y para pagar el mantenimiento del armamento y el sueldo de los consejeros necesitaremos otras mil piezas de oro por día. Este es el precio de ir a la guerra.

Cuando por fin llegue el momento del enfrentamiento, ten en cuenta las siguientes cuestiones:

» Si tardas en obtener la victoria, llegará un momento en el que tus hombres perderán su ardor y, viéndose desfogados, sus armas les irán pesando cada vez más.

» Mantener un asedio largo hará que tus fuerzas mermen considerablemente.

»Si tus tropas permanecen más tiempo del adecuado desplegadas en el campo, llegará un momento en el que los recursos del estado serán insuficientes a la hora de provisionarlas.

Es fácil darse cuenta de que un ejército cuyas tropas están desfogadas, mermadas y faltas de suministros es una presa fácil para para un enemigo que sepa sacar partido de dichas desventajas. Ni siquiera el más hábil de los comandantes sería capaz de obtener un buen resultado contando con un ejército en esas condiciones.

Pese a que en muchas ocasiones habrás oído hablar de lo perjudicial y estúpida que resulta la prisa a la hora de hacer la guerra, no te atrevas, ni por asomo, a pensar que prolongar excesivamente una campaña es una solución inteligente, pues nunca se ha dado el caso de que una empresa militar excesivamente larga haya sido beneficiosa para el estado. Solo aquel que esté verdaderamente familiarizado con el daño que la guerra provoca puede comprender esto adecuadamente.

Un estratega hábil nunca necesitará una segunda leva para reclutar más hombres ni tendrá necesidad de portar provisiones en exceso, pues una vez que se haya pertrechado adecuadamente en su patria partirá a los dominios de su enemigo, donde se aprovisionará a costa de este. Si se procede de este modo, los suministros nunca escasearán.

Suministrar a un ejército que se encuentre muy lejos de las fronteras del estado será algo que merme considerablemente las arcas públicas, pudiendo, incluso, suponer la ruina. Sin embargo, tampoco será beneficioso mantener a las tropas estacionadas por largo tiempo demasiado cerca, pues esto aumentará la inflación de los precios de los productos básicos, lo cual hará que la riqueza del pueblo se agote rápidamente. De cualquier modo, te verás obligado a subir los impuestos, cosa que a la larga debilitará más aún al estado y empobrecerá más al pueblo. Unas tres décimas partes de los recursos económicos del gobierno desaparecerán, sin contar con la cuarta parte, que se gastará para sufragar la reposición de las armas y carros rotos y de los caballos y bueyes muertos. Teniendo esto en cuenta, un estratega hábil tratará siempre de obtener sus suministros a costa de los recursos del enemigo. El valor de un bien se ve multiplicado por veinte cuando se obtiene a través del saqueo: un paquete de provisiones capturado a los contrarios equivale a veinte paquetes propios; un saco de forraje para las bestias capturado a los contrarios equivale a veinte sacos propios.

La ira despertará en tus hombres el deseo de matar a tus enemigos, mientras que las recompensas y las expectativas de obtener un botín serán lo que les impulse a desempeñarse eficazmente en la batalla. De este modo, si te has hecho con diez carros, úsalos para premiar al primero que haya capturado uno. Una vez más, sírvete de los bienes de tu enemigo para fortalecer tu propio ejército: úsalos como recompensa.

Aprópiate también de los soldados que hayas capturado: dales un buen trato, haz que vistan tus colores y porten tus estandartes y mézclalos entre tus hombres. Así es cómo has de ganar las guerras, y no mediante largas y costosas campañas.

 Aquel que conozca y domine el arte de la guerra será el amo y señor del destino de su pueblo, al cual guiará tanto en los malos tiempos como en los buenos.

Capítulo 3

Estrategias para atacar

Sun Tzu dijo:

El arte de la guerra puede resumirse de la siguiente manera:

» Es mejor conquistar un país intacto que uno arrasado.

» Es mejor forzar la rendición de un ejército que destruirlo.

» Es mejor capturar un batallón, un regimiento, o una compañía que aniquilarlos.

Tener que vencer en un centenar de batallas para ganar una guerra no es la opción más inteligente. Lo ideal es obtener la victoria sin tener que luchar.

Si quieres salir victorioso en un conflicto, desbaratar los planes del enemigo e impedir que este reúna a sus fuerzas es la mejor de las estrategias. Por otro lado, la peor de ellas es tratar de atacar ciudades amuralladas.

La regla dicta que, a no ser que no quede más remedio, se ha de evitar atacar ciudades amuralladas. Se tardan unos tres meses en preparar y reunir las armas de asedio y los demás artilugios necesarios y se necesitan otros tres para construir trincheras y fortines alrededor de la fortaleza. Si el comandante, al no disponer de la paciencia necesaria para sostener el asedio, manda a sus hombres trepar los muros enemigos como si fueran hormigas terminará siendo derrotado y verá cómo la tercera parte de su ejército es masacrada.

Dicho esto, un comandante hábil es aquel que es capaz de derrotar al ejército contrario sin necesidad de librar batalla alguna; es aquel que es capaz de tomar las ciudades del enemigo sin necesidad de asaltarlas; es aquel que es capaz de borrar del mapa a un reino hostil sin necesidad de emprender una campaña larga. El comandante hábil, haciendo uso del arte de la guerra, puede obtener la victoria total sin perder un solo hombre.

Ten las siguientes lecciones en cuenta a la hora de lanzarte al ataque:

» Cuando superes en 10 a 1 a tu enemigo, rodéale.

» Cuando le superes 5 a 1, atácale.

» Cuando le dobles en número, trata de dividir sus fuerzas.

» Cuando estés en igualdad de condiciones, presenta batalla.

» Cuando tus fuerzas sean ligeramente inferiores, mantente a la defensiva.

» Cuando te veas ampliamente superado, trata de evitar el enfrentamiento.

Si un estado pequeño no mide sus fuerzas de manera realista y se obceca en luchar sin considerar estas lecciones, se verá fácilmente sometido por un estado más fuerte.

El comandante es el baluarte del estado. Si los muros del baluarte no presentan flaquezas, el estado será fuerte. Por el contrario, si presentan puntos débiles, el estado será vulnerable.

Un líder puede conducir a su ejército a la más absoluta de las ruinas de tres maneras:

» Ordenando a sus fuerzas avanzar o retirarse desconociendo si dichas acciones son posibles o no. A esto se lo conoce como "hacer tropezar al ejército".

» Tratando de gestionar al ejército como si se tratase de un estado ignorando la idiosincrasia de la milicia. El agotamiento mental de los oficiales es la consecuencia directa de este modo de proceder.

» Empleando a oficiales de cierta rama del ejército en unidades que les son extrañas, lo cual mina la confianza de la tropa en la cadena de mando y genera confusión.

Un ejército cansado, confuso y suspicaz es el caldo de cultivo perfecto para que surjan caudillos oportunistas que cuestionen tu poder. Evita que la anarquía y el desorden se asienten entre tus fuerzas y te aparten de la victoria.

Para obtener la victoria, has de conocer las cinco claves que conducen a ella:

» Saber cuándo se debe y cuándo no se debe presentar batalla te conducirá a la victoria.

» Saber manejar tanto ejércitos grandes como ejércitos pequeños te conducirá a la victoria.

» Hacer que tus deseos y los de tus hombres confluyan te conducirá a la victoria.

» Estar permanentemente alerta y pendiente de los momentos de flaqueza de tu enemigo te conducirá a la victoria.

» Conseguir que el poder civil no interfiera en los asuntos militares te conducirá a la victoria.

El *tao* de la victoria descansa sobre estos cinco pilares.

El viejo dicho dice:

"Conócete a ti mismo y al enemigo y no serás derrotado ni en cien batallas. Si te conoces a ti mismo pero no conoces a tu enemigo ganarás en unas ocasiones y perderás en otras. Si no te conoces ni a ti mismo ni al enemigo nunca podrás hacerte con la victoria".

Capítulo 4

Disposiciones tácticas

Sun Tzu dijo:

En los viejos tiempos, los buenos luchadores procuraban situarse más allá de la posibilidad de ser vencidos para después esperar a la oportunidad que les permitiese derrotar al enemigo. La posibilidad de hacernos invencibles radica en nosotros mismos, mientras que la posibilidad de derrotar al enemigo nos la brinda él mismo. De este modo, un guerrero hábil puede procurar su invencibilidad, más no la vulnerabilidad de su contrario, siendo por ello por lo que el dicho reza: "la victoria es susceptible de conocerse, mas no de fabricarse".

Para protegernos de la derrota habremos de usar tácticas defensivas, pero para derrotar necesitaremos tácticas ofensivas. Adopta tácticas defensivas cuando tus fuerzas escaseen y pasa a la ofensiva cuando lleguen tiempos de abundancia.

Los comandantes duchos en tácticas defensivas son capaces de ocultarse en las profundidades de la tierra, pero son los que dominan las tácticas ofensivas los que brillan en lo más alto del cielo.

No son comandantes habilidosos aquellos que solo pueden prever victorias obvias ni los que necesitan pelear para vencer, por mucho que estos últimos sean alabados por las masas.

Ni exige fuerza ni implica mérito poder levantar un cabello canoso, así como tampoco es necesario tener un oído agudo para oír un trueno o tener buena vista para ver el sol y la luna.

En los viejos tiempos, no eran considerados comandantes habilidosos aquellos que solo ganaban, sino los que lo hacían con facilidad. Las victorias de estos comandantes brillantes no acarreaban elogios su ingenio o su coraje, pues su secreto para obtener la victoria se basaba únicamente en no cometer errores: se limitaban a vencer enemigos que ya habían sido derrotados. Los comandantes habilidosos se hacen primero invencibles y luego esperan el momento oportuno para derrotar a su oponente.

Los estrategas victoriosos han vencido mucho antes de presentar batalla, mientras que los derrotados buscan obtener la victoria en la lucha.

Un comandante hábil es aquel que observa con diligencia el *tao* y se disciplina en los métodos militares; aquel que hace esto adquiere un control absoluto sobre la victoria y la derrota.

En cuanto a los métodos militares tenemos:

» La toma de medidas.

» La estimación de cantidades.

» Los cálculos.

» Las comparaciones.

» La victoria.

La toma de medidas se hace sobre el terreno; a partir de las medidas estimamos cantidades, con dichas cantidades hacemos los cálculos, con los resultados de los cálculos hacemos comparaciones y comparando es como podemos entrever la victoria.

Un ejército victorioso es un kilo con respecto a un ejército derrotado, que es un gramo.

Usa con buen juicio las disposiciones tácticas y tu ejército se verá empujado hacia la victoria como un torrente de agua que se arrastra hacia el abismo.

Capítulo 5

Energía

Sun Tzu dijo:

Los principios que se han de seguir para mandar una gran fuerza son los mismos que se han de observar a la hora de dirigir a unos pocos hombres: tan solo hay que ajustar los cálculos.

Enfrentarse a un gran contingente es lo mismo que enfrentarse a uno pequeño, pues todo es cuestión de adoptar el orden de batalla correcto y dar las órdenes adecuadas.

Para vencer y evitar ser vencido hay que usar tanto los métodos ortodoxos como los heterodoxos.

La energía de tu ataque ha de ser igual a la de una piedra de afilar que choca contra un huevo. Esto lo lograrás estudiando la ciencia de lo duro y lo vacío.

Siempre que vayas a la lucha, sírvete de los métodos ortodoxos para presentar batalla, pero no olvides que serán los métodos heterodoxos los que te darán la victoria.

Los métodos heterodoxos son infinitos como el Cielo y la Tierra y otorgan al buen estratega recursos tan inagotables como el fluir de los ríos y las aguas de los océanos. Al igual que el sol y la luna, y al igual que las cuatro estaciones, los métodos heterodoxos se renuevan constantemente.

Es cierto que solo existen cinco notas, pero son infinitas las melodías que pueden surgir de su combinación. Son cinco los colores primarios, mas ¿cuántas imágenes nunca antes vistas pueden surgir de ellos? No hay más de cinco sabores básicos, pero todavía son muchos los gustos que nos quedan por descubrir.

En una batalla, solo pueden darse dos tipos de ataques: los directos y los indirectos, pero de su combinación y alternancia pueden surgir un infinito número de tácticas y maniobras.

Lo ortodoxo y lo heterodoxo se generan mutuamente y se retroalimentan en un ciclo sin fin del que surge una infinidad de posibilidades.

Tus ataques han de tener la energía del río, cuyas aguas son capaces de arrastrar grandes piedras por su cauce. Han de poseer también la energía del halcón, el cual posee una precisión y un don de la oportunidad letales.

Un buen guerrero ha de apropiarse de estas energías para que, de este modo, sus ataques se vuelvan terribles. El buen guerrero opera como una ballesta, tensiona su energía haciendo acopio de sus fuerzas, siendo su voluntad el gatillo que las libera en el momento oportuno.

La batalla, en todo su fragor, puede parecer caótica y desordenada, pero no lo es en absoluto. No dejes que ese aparente caos te domine, pues solo así podrás esquivar la derrota. Hazte dueño del caos.

Finge caos y desorden y obtendrás una perfecta disciplina. Finge miedo y obtendrás coraje. Finge debilidad y obtendrás fuerza.

Esconder el orden tras el disfraz del desorden es una cuestión de cálculo. Ocultar el coraje tras una falsa timidez es una cuestión de energía. Tapar la fuerza y aparentar cobardía es una cuestión de disposiciones tácticas.

Un comandante hábil es aquel que es capaz de manipular la voluntad de sus contrincantes. Dirige, sin que este lo sepa, todos los movimientos de su enemigo llevándole donde quiere. Le pone cebos y le hace pensar que la victoria es suya cuando realmente le está conduciendo a una trampa mortal.

Un comandante inteligente es aquel que no confía en la energía de los individuos, sino en la del conjunto: se limita a escoger a los hombres adecuados y permite que la energía fluya.

 Dirigir un ejército haciendo fluir la energía por él es como hacer rodar troncos y rocas por una ladera. La naturaleza de la tropa es igual a la de los troncos y las rocas: en su estado natural están inmóviles, pero se mueven cuando se les empuja; cuando su forma es cuadrada, pueden frenarse, pero cuando son redondas ruedan sin parar. El caso es que, sin importar la forma, cuando se les arroja desde lo alto arroyan a todo lo que tienen por delante.

Capítulo 6

Lleno y vacío

Sun Tzu dijo:

El que primero llegue al campo de batalla y, habiendo ya tomado posiciones, espere al enemigo, será el que se sienta cómodo y el que estará más fresco a la hora de pelear. Por otro lado, el último en llegar tendrá que posicionarse apresuradamente y encarará el combate con sus tropas exhaustas.

Los buenos comandantes imponen su voluntad sobre sus enemigos y, bajo ninguna circunstancia, permiten que sus rivales hagan lo mismo con ellos. Conceden ventajas si quieren que sus enemigos se acerquen y les hacen pensar que pueden infligirles daños terribles si quieren mantenerlos alejados.

Un buen comandante perturba en todo momento el descanso de su enemigo y es capaz de forzarle a abandonar sus posiciones ventajosas e incluso hacer que muera de hambre aunque esté bien suministrado y alimentado.

Todo esto lo hace apareciendo donde menos se le espera cuando menos se le espera.

Si necesitas marchar grandes distancias sin ser molestado, trata de hacerlo por zonas despobladas.

Tus ataques siempre serán exitosos si asaltas zonas desprotegidas y tus defensas nunca se verán superadas si las sitúas en posiciones que no pueden ser atacadas. De este modo, los oponentes de un general que es hábil atacando no saben qué es lo que tienen que defender y los rivales de aquellos que son duchos defendiendo no saben por dónde atacar.

Conviértete en algo tan sutil que no pueda ser visto ni oído por tus enemigos, pues así será como te encontrarás con el destino de estos en tus manos.

Carga en los puntos débiles del frente y podrás atravesarlo sin problemas. Trata de ser el más rápido con el fin de que no te alcancen cuando desees retirarte.

Cuando quieras forzar el combate, haz a tu oponente abandonar sus posiciones fuertes marchando allá donde no le quede más remedio que acudir. Por el contrario, si quieres evitar la pelea intenta que el enemigo se confunda y no pueda encontrarte.

Conociendo los planes del enemigo a la par que ocultamos los nuestros será como podremos mantener nuestras fuerzas concentradas mientras las suyas se dispersan. Concentra todas tus fuerzas de modo que conformen un único ente y procura que las de tu oponente se mantengan divididas, de este modo, cuando te enfrentes a él le superarás en una proporción de diez a uno aunque en un principio su ejército fuese más numeroso. Para lograr dispersar las fuerzas enemigas, lo que has de hacer es forzarlas a defender un frente muy amplio: hazlas pensar que puedes lanzar tu ataque en cualquier punto y en cualquier momento. Nunca dejes que se sepa cuál es el lugar donde piensas presentar batalla. De este modo, si el enemigo quiere tener una vanguardia poderosa, tendrá que sacrificar su retaguardia, y si quiere reforzar su retaguardia, tendrá que hacerlo a costa de su vanguardia, sucediendo exactamente lo mismo en sus flancos izquierdo y derecho.

La obligación de tener que defender varias posiciones a lo largo de un frente amplio trae consigo la inferioridad numérica. Obligar a nuestro adversario a estar pendientes de una infinidad de ataques posibles nos permite superarlo en número.

Conocer de antemano el lugar y la hora de la batalla nos permite gestionar y concentrar nuestras fuerzas adecuadamente aunque esta se vaya a librar muy lejos. Por otro lado, ignorarlo nos vuelve impotentes y nos expone a que nuestro flanco izquierdo no pueda ir en auxilio de nuestro flanco derecho y a que nuestra retaguardia no pueda socorrer a nuestra vanguardia cuando esta esté en peligro.

Dicha impotencia se verá incrementada proporcionalmente cuánto más alejado este un cuerpo del ejército del otro.

— Calculando, he podido observar que el ejército de Yue es mucho más numeroso que el mío, pero sé que esto no determinará el resultado de la contienda: vencerle es más que posible. Aunque el enemigo sea muy numeroso, se le puede disuadir de presentar batalla.

— Antes de enfrentarte a un enemigo más numeroso, lo que has de hacer es descubrir sus planes y estudiar sus posibilidades de éxito y las tuyas. Para hacer esto, provócalo, oblígale a mover ficha y presta atención a sus modos de proceder, pues de este modo será como descubrirás sus intenciones y te serán revelados sus puntos débiles. De manera cautelosa, compara tu ejército con el suyo y toma nota de dónde es fuerte y dónde es débil cada uno. Estudia las disposiciones tácticas del contrario y procura ocultar las tuyas. No adoptes ninguna forma; hazte invisible a las miradas de los espías y te protegerás de las maquinaciones del comandante enemigo.

— La mayoría de la gente no comprende, ni debe comprender, cuales son las disposiciones que realmente conducen a la victoria. Las tácticas que se desarrollan durante la lucha están a la vista de todos, pero las que se han usado antes del enfrentamiento para garantizar el triunfo permanecen ocultas.

Nunca repitas las tácticas que te hayan dado la victoria en otras ocasiones y adapta tus procedimientos a las circunstancias y las infinitas posibilidades que están a tu disposición.

Las tácticas militares han de ser como el agua, cuyo flujo natural va siempre a favor de la gravedad. Lo que quiero decir con esto es que evites las complicaciones innecesarias y te centres siempre en atacar los puntos débiles. Al igual que la naturaleza marca el cauce del agua, el enemigo nos señala la manera de proceder al mostrarnos por dónde es vulnerable.

Los comandantes que vencen a sus enemigos leyéndolos adecuadamente son, verdaderamente, hijos del Cielo.

Entre los cinco elementos no hay uno preponderante y entre las cuatro estaciones no hay una que dure eternamente. Hay días largos y días cortos y ciclos en los que la luna refulge y ciclos en los que desaparece.

Capítulo 7

Maniobras militares

Sun Tzu dijo:

En tiempos de guerra, el jefe del estado otorga poderes al comandante, se reúne al ejército, se concentran las fuerzas y se levantan campamentos. Después de haber hecho todo esto, comienza la parte más difícil: las maniobras militares.

Las maniobras militares son difíciles porque mediante ellas se ha de tratar de desviar lo que es directo, de dirigir lo que está desviado y de transformar los inconvenientes en desventajas.

Haz gala de tu dominio del arte de la desviación apartando a tu enemigo del camino mediante argucias para después tú dar un rápido rodeo y llegar antes que él a la posición deseada.

Hacer maniobras con un ejército bien entrenado es ventajoso, pero hacerlas con una turba indisciplinada es un verdadero peligro.

Maniobrar con un ejército completo puede ser extremadamente lento, pues se tarda mucho en pertrechar a toda la tropa. Por otro lado, maniobrar con pequeñas columnas ligeramente equipadas puede ser más rápido, pero sin duda estas serán más vulnerables.

Si te puede la prisa y mandas a tu tropa empaquetar rápidamente sus suministros y las haces avanzar a marchas forzadas día y noche con el fin de recorrer el doble de la distancia que cubres habitualmente, no te quepa duda de que tu ejército será aniquilado por completo y tus oficiales capturados. Tan solo llegará a una décima parte tu ejército al campo de batalla, siendo los más fuertes los primeros en hacer acto de presencia y ser derrotados, apareciendo después una masa de hombres jadeantes que será masacrada.

Si avanzas a marchas forzadas unos cincuenta kilómetros con el fin de frustrar las maniobras del enemigo, tan solo llegarán al destino el cincuenta por ciento de tus hombres. Además, la primera división en llegar será aniquilada.

Si fuerzas la marcha durante unos treinta kilómetros, serán dos tercios de tu ejército los que alcancen el objetivo.

Ten en cuenta que un ejército escasamente pertrechado, mal suministrado y lejos de su fuente de recursos perecerá sin remedio.

Antes de entablar una alianza de ningún tipo, has de conocer a fondo las características de las naciones que te rodean y las intenciones de tus enemigos.

Del mismo modo, antes de mandar marchar a tus hombres, es conveniente que te familiarices con el territorio en el que vas a luchar: si este es boscoso o desértico, si es escarpado o llano… Sírvete de guías locales que conozcan bien la zona para que te ayuden a sacarle el máximo partido al terreno.

En la guerra, trata de pasar desapercibido, se cauto y discreto y tuyo será el éxito. Mueve ficha únicamente cuando estés seguro de que haciéndolo puedes obtener algún tipo de ventaja.

Deja que las circunstancias sean las que decidan cuando has de dividir tus tropas y cuando has de concentrarlas. Tu velocidad ha de ser equiparable a la del viento cuando te muevas rápido, pero tus filas deben verse compactas como un bosque cuando se desplacen lentamente. A la hora de saquear, tus hombres han de dividirse y actuar como un incendio, pero cuando llegue el momento de defender una posición deben formar todos juntos y volverse inamovibles como una montaña.

Haz que tus planes sean oscuros como la noche para que así estos sean invisibles a ojos de tus enemigos y, cuando llegue el momento de atacar, cae sobre ellos como si fueras un rayo.

Cuando saquees un territorio, reparte el botín entre la tropa y cuando lo captures, divídelo en parcelas para entregárselas a los soldados que hayan luchado por ti.

Tómate tu tiempo para pensar antes de emprender ninguna acción.

Un viejo tratado militar decía: "Las palabras apenas pueden escucharse y entenderse durante el fragor de la batalla. Por ello, fueron inventados los tambores y los gongs". Tambores, gongs, estandartes y banderines son la boca, los ojos y las orejas del ejército.

En su totalidad, el ejército constituye un cuerpo en el que no hay lugar para la individualidad: ni el valiente puede cargar en solitario ni el cobarde puede huir solo. Sin comprender esto no se pueden dirigir grandes masas de hombres.

Durante los combates nocturnos, usa señales de fuego y sírvete de los tambores para comunicarte con tu tropa. Por el día, los estandartes y banderines serán las herramientas más adecuadas. Sírvete de estas señales para influir en tus soldados.

Se puede amedrentar el espíritu de todo un ejército y se pueden manipular los estados de ánimo de un comandante.

Es por la mañana cuando el espíritu de un soldado está más vivo. Por la tarde, este empieza a decaer, y ya en la noche solo piensa en volver al campamento a descansar. Un comandante astuto tiene esto en cuenta y tiende a atacar cuando el espíritu de su enemigo atraviesa el momento más bajo. Este es el arte de estudiar los estados de ánimo.

Disciplinado y calmado, el buen comandante espera a que cunda el caos entre las filas enemigas. Este es el arte del autocontrol. Un comandante con autocontrol siempre está cerca de su objetivo y se limita a esperar tranquilamente a su adversario, el cual tiene que desgañitarse y sufrir para acercarse.

Mantenerse bien alimentado mientras el enemigo pasa hambre y carencias es el arte del autocuidado.

Por último está el arte de considerar las circunstancias, mediante el cual el comandante modélico se guarda de atacar al ejército contrario cuando este marcha con la moral bien inflamada y con sus estandartes en alto y en orden.

La ciencia militar nos da los siguientes consejos:

» No se debe de intentar tomar una colina cuando el enemigo se encuentre en la cima. Del mismo modo, tampoco es aconsejable frenar una carga cuando esta parte de una posición alta.

» Procura no caer en las trampas que te tiendan.

» Nunca, bajo ninguna circunstancia, persigas a un enemigo que esté fingiendo una retirada y evita siempre lanzarte de cara contra sus unidades de élite.

» Jamás impidas huir a un ejército que se ha rendido. Es más, cuando uses maniobras de rodeo deja siempre una escapatoria, pues un enemigo que se siente acorralado lucha mucho más fieramente y lo hace hasta verter la última gota de su sangre.

Así es el arte de la guerra.

Capítulo 8

Cómo pueden variar las tácticas

Sun Tzu dijo:

En tiempos de guerra, el jefe del estado otorga poderes al comandante y se reúne al ejército.

No trates de levantar tu campamento en un terreno accidentado. Elige un lugar bien comunicado y que disponga de buenos caminos que te permitan reunirte rápidamente con tus aliados para situarlo. Evita a toda costa lugares aislados en los que puedas ser fácilmente acorralado. Si por algún casual el enemigo te encuentra posicionado en un lugar poco ventajoso, tendrás que hacer uso de todo tu ingenio para salir de ahí rápidamente, pero si no te queda más remedio lucha ahí con fiereza.

Existen rutas que bajo ninguna circunstancia han de ser transitadas, ejércitos que no se deben ser atacados, asentamientos que nunca hay que asediar, posiciones que no deben defenderse y órdenes que no tienen por qué ser obedecidas. Los comandantes ideales son aquellos que poseen una mente flexible y conocen las suficientes tácticas como para variarlas conforme lo dicten las circunstancias. Aquellos que se vean aquejados por una mente obtusa y que además no posean dichos conocimientos verán mucho más limitado su rango de actuación. Incluso aquellos que estudien el arte de la guerra y tengan a su favor las Cinco Ventajas no podrán sacarle el máximo partido a sus tropas si no son capaces de variar sus tácticas.

De este modo, una estrategia juiciosa siempre será elaborada teniendo en consideración las posibles ventajas y los posibles inconvenientes. Al valorarse las ventajas se proyectan las acciones en el futuro y al considerarse los inconvenientes uno se protege de la adversidad.

Somete a los caudillos enemigos a través del daño y, una vez sometidos, mantenlos ocupados con quehaceres y prémialos para ganarte su lealtad.

El arte de la guerra nos enseña a no confiar en la posibilidad de que el enemigo no nos ataque. Por el contrario, nos insta a prepararnos para recibirlo.

Cinco son los peligros que acechan a los comandantes:

» La actitud temeraria, que puede llevar al ejército directamente a la ruina.

» La cobardía, la cual facilita que el enemigo nos capture.

»El exceso de carácter, que nos hace propensos a ser manipulados a través del insulto.

»La falta de honor, que nos puede dejar expuestos a la insumisión y a la vergüenza.

»El exceso de compasión, el cual nos vuelve vulnerables.

 Cada uno de estos vicios puede, por sí mismo, hacernos perder una guerra. No me cabe duda de que están detrás de cada una de las grandes derrotas que se han dado a lo largo de la historia.

Capítulo 9

El ejército en marcha

Sun Tzu dijo:

A lo largo de este capítulo hablaremos de dónde has de estacionar tus ejércitos y de cómo debes proceder para no perder de vista nunca al enemigo.

Cuando luches en terrenos montañosos, procura situarte en posiciones elevadas que te permitan controlar fácilmente los valles. Nunca, bajo ninguna circunstancia, inicies un combate si no cuentas con la ventaja que otorga la pendiente.

Cuando cruces un río, aléjate rápidamente de él, de modo que tus rivales no puedan usarlo como barrera natural para rodearte. Si sorprendes a tus enemigos cruzando uno, no les combatas dentro del agua, espera a que por lo menos la mitad crucen la orilla para lanzarles una carga.

Si te urge presentar batalla a una fuerza invasora, no te muestres en la otra orilla de un río que esta deba cruzar, porque, si lo haces así, está rehusará el combate.

Al pelear cerca de cauces fluviales evita situarte río abajo y mantén al sol a tus espaldas. Jamás cargues en contra de la dirección en la que fluyen las aguas. No tengo nada más que decirte acerca de cómo ha de pelearse en tierras bañadas por ríos.

Si, por la razón que sea, te ves obligado a cruzar una marisma, hazlo rápidamente. Si además no te queda más remedio que pelear, sitúate de modo que tus flancos queden protegidos por el agua y las plantas acuáticas y tu retaguardia cubierta por los árboles.

Cuando vayas a pelear en las llanuras, busca situarte en posiciones que te permitan maniobrar con facilidad. Lo ideal, además, es colocarte en algún punto en el que tu retaguardia y tus flancos estén protegidos por pequeñas elevaciones de tierra, pues así posicionado solo tendrás que preocuparte del peligro que llega de frente.

Sirviéndose de estos consejos fue como el Emperador Amarillo se impuso sobre sus enemigos.

Todos los ejércitos prefieren situarse en terrenos elevados y gustan más de la luz que de la oscuridad.

Si cuidas de la salud de tus hombres y procuras acampar en tierras ricas en recursos, tu ejército se verá libre de todo mal y será prácticamente invencible.

En los territorios en los que abunden lomas y colinas, sitúate en el lado soleado de estas y trata de mantenerlas siempre a tus espaldas y a tu derecha. Un comandante hábil siempre obtiene ventajas del terreno.

En época de lluvias torrenciales evita cruzar ríos desbordados. Espera a que el tiempo mejore y las aguas vuelvan a su cauce para alcanzar la otra orilla.

Mantente alejado, siempre que puedas, de terrenos excesivamente accidentados. Huye de cañones, acantilados, simas y abismos, pero trata de empujar a tus rivales hacia ellos.

Atraviesa los pasos montañosos, los bosques y las riveras de los ríos con suma cautela, pues en ellos puedes ser fácilmente emboscado por el enemigo. Arbustos que se mueven y árboles que susurran son más que claros indicadores de que un grave peligro acecha.

Si el enemigo mantiene la calma cuando estás cerca, no te quepa duda de que se encuentra bien posicionado. Si, por el contrario, puedes percibir que está ansioso por atacar, esto significa que está en una posición vulnerable y le urge cambiarla.

Los movimientos que se pueden intuir entre los árboles nos indican que el contrario está avanzando. Una bandada de pájaros que alza el vuelo repentinamente nos avisa de que el enemigo ha tomado una posición desde la que pretende emboscarnos. Que los animales se pongan de repente nerviosos es una señal de que inminentemente vamos a ser atacados. Las grandes nubes de polvo delatan a los carros de guerra que acompañan al ejército, mientras que las nubes pequeñas nos dicen que la infantería está marchando en solitario. Nubes de polvo que vienen y van indican que el enemigo está levantando un campamento.

Si las palabras de los emisarios del enemigo son humildes y los movimientos de sus tropas discretos, mantente alerta, pues el ataque es inminente. Por el contrario, si los emisarios se expresan de manera agresiva y las tropas se mueven de igual modo, ten por seguro de que están por la labor de retirarse.

Que los carros ligeros sean los primeros en llegar y se posicionen en el lado izquierdo significa que el enemigo va a formar a su ejército para presentar batalla.

No te fíes de las propuestas de paz que no se ven acompañadas de un tratado, pues son un claro signo de que se está tramando un complot.

Si ves a los oficiales enemigos esforzándose por formar rápidamente sus filas en el frente es que ya ha llegado la hora de la verdad.

Cuando veas que la mitad del ejército contrario avanza mientras la otra retrocede ten cuidado de no caer en una trampa.

Si ves que la tropa enemiga apenas puede apoyarse en sus lanzas para mantenerse de pie, es que esta está pasando hambre. Del mismo modo, si ves que sus aguadores son los primeros en beber, es que su ejército está a punto de sucumbir por la sed.

Que el oponente no aproveche una ventaja obvia es síntoma de que está agotado.

Cuando veas a los pájaros concentrarse en una ubicación, no te quepa duda de que esta ha sido abandonada.

Presta atención a las cosas que suceden en el campamento enemigo. Si se oye clamor en la noche, es que en él ha cundido el nerviosismo. Los motines nos indicarán que su comandante ha perdido ya toda su autoridad. Fíjate en si los oficiales están de mal humor, pues si esto es así significa que la tropa ya está exhausta. Si ves que empiezan a usar el trigo y el grano para alimentar a las monturas, que sacrifican al ganado para comérselo y que se disponen a marchar dejando atrás sus útiles de cocina y sus pertenencias, ponte bien alerta, pues esto significa que el enemigo pretende luchar hasta la muerte. Ver a pequeños grupos de hombres cuchicheando entre ellos significa que la tropa ha perdido la confianza en sus oficiales. Que los oficiales recompensen a sus hombres con más frecuencia de la habitual indica que estos están desesperados por recuperar el favor de la tropa. Que lo que empiece a cundir en exceso sean los castigos implica que el ejército enemigo está al borde de la desesperación. Cuidado con los castigos, pues mostrarse excesivamente agresivo con la propia tropa hasta el punto de acabar temiéndola es el colmo de la estupidez.

El tono conciliador de los emisarios enemigos nos indica que este busca genuinamente la paz.

Cuando veas que el ejército enemigo está muy airado y se niega a abandonar su posición pero no te ataca, ten muchísimo cuidado.

Que las fuerzas de tu oponente sean ampliamente superiores a las tuyas no implica que no puedas derrotarle, solo significa que no debes atacarle directamente. Esfuérzate por estudiar a tu rival y por usar inteligentemente tus fuerzas y la victoria será tuya.

Aquellos que actúan sin pensar e infravaloran a quienes se enfrentan son fácilmente capturados.

Si primero no has logrado ganarte el respeto de tus hombres, de nada te servirá castigarles. Del mismo modo, tampoco te será de utilidad una tropa que no te respeta si no impones castigos de vez en cuando.

 Da siempre de primeras un trato humano a tus soldados e impón una disciplina de hierro cuando sea necesario, pues esta es la senda de la victoria. Cuando les entrenes, deja que cunda entre ellos la camaradería y muéstrales confianza sin dejar de insistir en que las órdenes se cumplan.

Capítulo 10

El terreno

Sun Tzu dijo:

El terreno puede ser, según sus características: fácilmente accesible, traicionero, desventajoso, angosto, accidentado o inmenso.

Una zona que puede atravesarse por cualquier parte es un terreno fácilmente accesible. Cuando el terreno posea estas características, apresúrate para tomar posiciones antes que tu enemigo. Lo aconsejable es que elijas la parte soleada de un lugar alto para hacerte fuerte ahí. Si además te aseguras de que es una zona a la que puedes hacer llegar tus suministros con facilidad, contarás con una gran ventaja.

Un terreno traicionero es aquel al que es casi imposible regresar una vez que ha sido abandonado. Los ataques que se lancen desde este tipo de terreno cogerán casi siempre desprevenido al enemigo, pero si por algún casual no logramos sorprenderle nos perjudicará gravemente imposibilitándonos la retirada.

El terreno que penaliza al ejército que lleva la iniciativa recibe el nombre de desventajoso. Si por algún casual te ves obligado a combatir en un terreno de estas características recuerda que llevarás todas las de perder si eres el primero en introducirte en él. No te apresures en tomar posiciones en un lugar así ni aunque tu oponente te ofrezca suculentas ventajas, por el contrario trata de atraerle con falsas cargas para que sea él el que caiga en la trampa mortal.

En cuanto a los pasos angostos, esmérate por ser el primero en tomarlos, pues son muy fácilmente defendibles. Si logras hacerte fuerte en una posición así, será prácticamente imposible derrotarte. Si, por algún casual, el enemigo toma el paso antes que tú, rehúsa el combate, a no ser que no le haya dado tiempo a formar, en ese caso carga contra él rápidamente y con furia.

De igual modo, en los terrenos accidentados has de ser el primero en tomar posiciones, pues la victoria será del que se sitúe en las posiciones más altas y soleadas. En este caso, bajo ninguna circunstancia debes presentar batalla si el enemigo toma las posiciones antes que tú.

En un terreno de proporciones inmensas, cuando tus fuerzas y las del enemigo andan parejas, es muy difícil obtener ventaja alguna, por lo que provocar una batalla en un lugar así puede ser un acto temerario.

Un comandante responsable ha de estudiar diligentemente el *tao* del terreno si quiere tener éxito.

La razón de ser de la huida, la insubordinación, la cobardía, la temeridad, el caos y la derrota no se encuentra en la naturaleza, sino en la incompetencia del comandante. Si un comandante manda a sus hombres cargar de frente contra una fuerza diez veces mayor, estos terminarán huyendo sin importar lo valientes que sean. La tropa, por muy aguerrida que sea, si no respeta a sus superiores será insubordinada y se negará a combatir. Si los soldados no han sido instruidos adecuadamente, mostrarán cobardía durante el combate y se derrumbarán sin importar cuán fuertes y decididos sean sus mandos. Cuando la autoridad del comandante es débil, los mandos intermedios se dejan llevar por sus bajas pasiones durante el combate y actúan de manera temeraria poniendo en peligro a todo el ejército. Cuando el comandante muestra nulas dotes organizativas, el caos cunde entre los oficiales y la tropa: nadie conoce la escala de mando, las órdenes no se comprenden y nadie se hace responsable. Un ejército así es completamente inoperativo.

Un comandante incapaz de estimar de manera juiciosa la verdadera fuerza del enemigo tomará decisiones nefastas que traerán consigo la derrota.

El *tao* de la derrota se compone de todo esto que acabamos de exponer. Es responsabilidad del comandante conocer el *tao* de la derrota.

Un comandante inteligente sabe sacar partido del terreno y hace siempre los cálculos pertinentes antes de presentar batalla: mide las fuerzas del oponente, hacen balances de los riesgos y los beneficios y cuando ven que la victoria es segura, entonces atacan. Solo pueden vencer aquellos que proceden de esta forma.

Si sabes que la victoria es segura debes presentar batalla aunque tus superiores te lo prohíban. Del mismo modo, si sabes que no hay ninguna manera apropiada de vencer, lo más inteligente es no acudir a la lucha aunque te hayan ordenado lo contrario. Lo único que ha de importarte es la seguridad de tus hombres y la integridad de tu pueblo; cuídalos como si fuesen un niño de teta y te seguirán allá donde vayas. Trátalos como si fueran tus propios hijos y darán la vida por ti, pero sé un padre estricto y no los malcríes.

Si conoces tus circunstancias pero ignoras las del enemigo, entonces solo es probable a un cincuenta por ciento que ganes, sucediendo del mismo modo cuando se invierten las premisas. Si conoces tus circunstancias y las del enemigo, pero ignoras la del terreno, puede que venzas, pero también puede que seas derrotado.

Cuando te conoces a ti mismo tan bien como a los demás, resulta cómodo vencer; cuando conoces lo que hay en el cielo y lo que hay en la tierra, la victoria no puede resistirse.

Capítulo 11

Nueve tipos de territorios

Sun Tzu dijo:

El arte de la guerra distingue entre nueve tipos de territorios.

1. Cuando un territorio está siendo disputado por varias fuerzas locales, este recibe el nombre de "disperso".

2. Llamamos "territorio sutil" a aquellas zonas hostiles en las que hemos logrado penetrar superficialmente.

3. Un territorio clave es aquel que otorga una ventaja decisiva al bando que lo toma.

4. Un territorio en el que ambos bandos pueden maniobrar con gran libertad recibe el nombre de "campo abierto".

5. Aquellos territorios que están óptimamente comunicados con el resto del país son conocidos como

"intersecciones". Quien domine las intersecciones controlará todos los territorios adyacentes a estas.

6. Si logramos adentrarnos profundamente en el país enemigo, pero no conseguimos capturar ninguna ciudad ni ninguna fortaleza, entonces nos encontramos en un territorio hostil.

7. Se dice que un territorio es difícil cuando los accidentes geográficos y la fauna de este dificultan seriamente el paso.

8. Una zona plagada de pasos angostos y valles sin salida en la que fácilmente podemos caer en emboscadas y ser derrotados por fuerzas inferiores es un territorio agobiante.

9. Por último están los territorios fatales, que son aquellos que solo nos permiten la opción de luchar a la desesperada.

En territorio disperso, no pelees; en territorio sutil, no te detengas; en un territorio clave, no tomes la iniciativa. No trates de frenar la marcha del enemigo en campo abierto y sírvete de las intersecciones para reunirte con tus aliados. Da vía libre a los saqueos y al pillaje cuando te encuentres en territorio hostil, pero intenta detenerte lo mínimo cuando tengas que atravesar un territorio difícil. En territorio agobiante, haz gala de tu ingenio y explota todos tus recursos; en un territorio fatal, lucha con todas tus fuerzas.

Los grandes comandantes de la antigüedad echaban abajo todos los planes de sus enemigos impidiendo que la vanguardia y la retaguardia de sus ejércitos mantuviesen contacto alguno. Frustraban todo intento de comunicación entre los distintos cuerpos del ejército y la tropa y sus mandos, evitando, de este modo, que las unidades frescas fuesen a rescatar a las que estuviesen a punto de sucumbir o que los regimientos que se hubiesen disgregado se reagrupasen. La otra gran clave de su éxito residía en actuar solo cuando la ventaja inclinaba la balanza a su favor.

Si alguna vez te has preguntado cómo puedes manipular la voluntad de un enemigo que ya ha tomado una decisión firme acerca de cómo va a atacarte, has de saber que la respuesta se halla en arrebatarle algo que sepas que desea. Sí haces esto, lo convertirás en una marioneta que bailará al son que tú toques.

El *tao* de la guerra se basa en la rapidez. Ataca a tu enemigo cuando este todavía no haya tenido tiempo de prepararse y tendrás al alcance de tu mano las posiciones y rutas más ventajosas.

A continuación voy a mostrarte cuales son los principios que habrás de observar cuando seas tú la fuerza invasora:

» Cuanto más te adentres en un país, más les costará a los defensores expulsarte de él.

» Manda expediciones de saqueo a las tierras más productivas y adquiere, de este modo, tus suministros a costa del enemigo.

» No fatigues en exceso a tu tropa; ahorra energía para los momentos decisivos.

» Muévete constantemente a lo largo del país invadido y mantén tus planes ocultos de modo que la confusión cunda entre los defensores.

» Cuando necesites defender una posición de vital importancia, coloca a tus hombres de modo que les sea imposible retirarse y no les quede más remedio que luchar hasta el final. En una situación así, tanto la tropa como los oficiales se verán obligados a darlo todo. El valor y la moral de los soldados invasores son siempre muy superiores, pues ¿a dónde pueden huir estos? En estas circunstancias, apenas es necesario vigilar la disciplina.

» Prohíbe las prácticas adivinatorias y demás supersticiones, pues estas pueden sembrar dudas e incertidumbre entre tus filas. Tus hombres deben temer a la muerte únicamente cuando la tengan encima.

Los buenos oficiales son los que no sienten apego ni por las riquezas ni por la vida, aunque no desdeñen ninguna de las dos. Procura que los oficiales de esta clase abunden en tu ejército.

El día que des la orden de partir a la batalla, las lágrimas regarán las mejillas de tus hombres y empaparán sus ropas, pero cuando llegue el momento de combatir mostrarán la valentía de los héroes legendarios.

El comportamiento del comandante ideal se asemeja al de las serpientes de las montañas de Qang, que golpean con la cola cuando se las agarra por la cabeza, embisten con la frente cuando se las sujeta por detrás y atacan con los dos extremos de su cuerpo cuando se las coge por el medio.

¿Podría un contingente mixto actuar del mismo modo? Por supuesto que sí: pese a que los hombres de Yue y los de Wu se odiaban entre ellos, no tuvieron más remedio que remar juntos para cruzar el río.

Los ejércitos deben de adaptarse siempre a las circunstancias de la guerra y actuar de manera flexible. Por ello, prácticas como las de atar a los caballos entre ellos para que no rompan la línea o la de fijar los carros al suelo son contraproducentes.

Mantener a las tropas unidas y con la moral alta es el *tao* del comandante.

Un comandante inteligente obtiene ventajas del territorio desplegando adecuadamente a sus tropas sobre él. Su habilidad para conducir a las tropas es tal que lo hace como si llevase a un niño de la mano.

Los comandantes han de ser tranquilos, discretos, justos y minuciosos. Han de ser capaces de ocultar sus planes a sus propios hombres, pues estos no tienen por qué saber nada, solo obedecer. Tienes que ser capaz de conseguir que tus soldados se metan hasta el cuello en la guerra sin ningún titubeo: que quemen las naves, que abandonen sus pertenencias; tienen que marchar adelante sin mirar atrás.

Muchas veces no te quedará más remedio que poner a tu topa en peligro, pues eso es parte de tu oficio. Estudia las vicisitudes del terreno y también el estado emocional de tus hombres.

Normalmente, las fuerzas invasoras tienen a reagruparse cuando están en el corazón del territorio enemigo y a dispersarse cuando se aproximan a las fronteras. Si solo logramos penetrar el territorio enemigo de manera superficial estaremos en territorio sutil. Nos encontraremos en una intersección cuando nos posicionemos en un terreno bien comunicado. Cuando nos adentremos en zonas plagadas de pasos angostos y valles sin salida estaremos en terrenos agobiantes. Por último cuando estemos acorralados y no tengamos dónde ir nos encontraremos en un territorio hostil.

Trata siempre de reagrupar a tus hombres cuando te encuentres cerca de las fronteras y mantén la formación cuando pases a terreno sutil. Refuerza tus defensas en los terrenos agobiantes y cítate con tus aliados en las intersecciones.

Por último, cuando pelees en terreno fatal, informa a tus hombres de que vais a morir juntos, pues los soldados pelean mejor cuando no tienen nada que perder.

Si desconoces los planes enemigos, no puedes establecer alianzas. Si desconoces la disposición del terreno, no puedes maniobrar. Si no pones a guías locales a tu servicio, no podrás obtener ventajas en el territorio.

Organízate en condiciones y avasalla a tu enemigo: no le permitas reunir fuerzas y disuade a sus aliados para que no intervengan. Haz crecer masivamente tus fuerzas y haz sentir vulnerables a tus enemigos.

Imagina que todo tu ejército es un solo hombre y manéjalo como tal. Estimúlalo con recompensas y nunca le hables de riesgos.

En las situaciones de vida o muerte es cuando más a fondo se emplea la tropa; fuerza estas situaciones cuando quieras que lo den todo.

Haz creer a tu enemigo que te estás plegando a su voluntad para que baje la guardia y con un hábil movimiento puedas acabar con su comandante.

Cierra las fronteras y expulsa a los embajadores enemigos el mismo día que declares la guerra y bajo ningún concepto permitas que se filtre información de tu cuartel general.

 No desaproveches las oportunidades que surjan y procura anticiparte siempre a las acciones de tu oponente. Compórtate al principio como una muchachita virgen de modo que, confiado, el enemigo te abra sus puertas. Cuando lo haga, cuélate dentro como una alimaña y ya no podrá expulsarte.

Capítulo 12

Atacando con fuego

Sun Tzu dijo:

El fuego puede usarse para a atacar al enemigo de cinco maneras distintas, pues con él podemos o bien quemar a sus tropas, sus campamentos, sus suministros y sus armas o bien usarlo para sembrar el caos.

Es importante que siempre tengamos a mano los materiales necesarios para provocar un buen incendio. El verano, los parajes secos y los días en los que el viento sople fuertemente serán nuestros mejores aliados a la hora de servirnos de las llamas como arma.

Sigue estos cinco consejos para sacar al fuego todo su partido:

» Si ves que el interior del campamento enemigo es pasto de las llamas, aguarda en el exterior para atacar a los soldados que intenten huir.

»Ni se te ocurra atacar a una tropa que mantiene la calma en mitad de un incendio.

»Espera a que las llamas alcancen su punto álgido para cargar contra el enemigo, siempre y cuando estas no te corten el paso.

»Si puedes prender fuego al campamento enemigo desde fuera no hace falta que provoques el incendio desde su interior.

»Las llamas se avivarán y avanzarán a favor de la dirección en la que sople el viento, así que recuerda no luchar nunca de cara a este. Si el viento supone un problema para ti no desesperes, pues si ha estado soplando todo el día, por la noche tendrá que dejar de hacerlo.

Observa con atención estos cinco consejos y sírvete de ellos con astucia. Sin duda, aquellos que se valen del fuego para apoyar sus ataques son muy inteligentes.

El agua tiene una gran cantidad de aplicaciones defensivas, pero carece del poder destructivo del fuego.

El destino no trae más que ruina y desgracia a aquellos que pretenden ganar sus batallas escatimando en el uso del ingenio. Por el contrario, el viejo dicho dice: "El líder sabio que traza sus planes con antelación termina siendo capaz de prever su victoria y el caudillo inteligente que siembra todos sus recursos termina cosechándola".

Un buen comandante no actúa si no existe ninguna ventaja que lo respalde ni ningún bien que quiera conseguir: no lucha a no ser que sea estrictamente necesario.

 La ira y el resentimiento no son motivos suficientes para ir a una guerra, pues estos son sentimientos que tardan poco en desaparecer y pronto se convierten en otros más agradables. La ira puede convertirse en alegría y el resentimiento puede tornar en agradecimiento, pero un estado que ha sido arrasado no puede resurgir de sus cenizas y un hombre que ha muerto no puede volver a la vida. Un buen líder es consciente de todo esto y por ello se cuida de llevar a su pueblo a la guerra.

Capítulo 13

El uso de espías

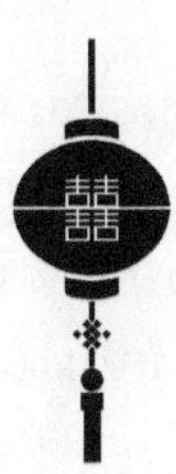

Sun Tzu dijo:

Levantar un ejército de cientos de miles de hombres y hacerlo marchar grandes distancias supone un alto coste tanto para el gobierno como para el pueblo. Muchas son las piezas de plata que habrán de ser invertidas cada día que dure la guerra y muchos son los hombres que tendrán que abandonar sus labores y dejar a sus familias sin sustento para acudir a la llamada a las armas.

Cuanto más larga es una guerra más costosa es. Sé inteligente y no escatimes en oro a la hora de pagar a espías, pues estos te pueden facilitar información clave que puede reducir considerablemente la duración del conflicto. Es inhumano alargar innecesariamente una situación penosa como la guerra por ahorrar las cien monedas que puede costar pagar a un espía. Quien actúa de ese modo no es digno de guiar a ningún pueblo.

Un líder responsable y eficiente no deseará otra cosa que vencer rápidamente al enemigo para librar a su pueblo del sufrimiento. Para lograr esto necesitará manejar información de calidad que le permita anticiparse. Dicha información no la proveen los espíritus y no se puede obtener ni por cálculos ni por ciencia infusa, sino que se obtiene de fuentes humanas.

Cinco son los tipos de espías que existen:

» Los espías nativos.

» Los espías infiltrados.

» Los agentes dobles.

» Los espías malditos.

» Y, por último, los espías de élite.

El mayor tesoro que puede poseer un gobernante es a estos cinco tipos de espías trabajando simultáneamente creando lo que se conoce como "el Telar Divino".

El cuerpo de los espías nativos lo componen los civiles del territorio en el que se está combatiendo. Los espías infiltrados son oficiales del ejército enemigo cuya lealtad ha sido comprada. Los agentes dobles son espías enemigos reclutados tras su captura. El rol de los espías malditos es el más perverso y sibilino, pues estos se dedican a proporcionar información falsa a los líderes enemigos. Por último están los espías de élite, que funcionan como un enlace entre el resto de espías y el comandante.

Los espías son los miembros del ejército a los que más atención debes prestar y a los que más generosamente has de premiar, pues sus servicios son los más valiosos.

Trata a tus espías con justicia y gentileza para que se establezca una relación de confianza mutua y puedas sacarles el máximo partido. Empléalos en las tareas adecuadas para que de este modo la información que te faciliten sea verdaderamente relevante.

La información que manejan los espías es, y ha de ser, siempre confidencial. Si, por algún casual, se filtran datos concernientes a la labor de una espía, tanto el espía como aquel que haya filtrado la información deben de ser ejecutados.

Si quieres tener éxito a la hora de atacar una ciudad o una fortaleza, primero has de saber qué comandantes son los que la defienden y de cuántos hombres disponen. Del mismo modo, si quieres asesinar a un hombre, antes debes de estar familiarizado con su servicio y la gente que le rodea. Todo esto es información que te puede facilitar un espía.

Recuerda que es más útil sobornar a los espías enemigos que captures que ejecutarlos, pues si consigues comprar la lealtad de uno de estos agentes dobles te será mucho más fácil reclutar agentes nativos (en el caso de que tú seas el invasor) y agentes infiltrados. Del mismo modo, también te resultará mucho más sencillo introducir la información falsa que fabriquen tus espías malditos.

Como estás pudiendo observar, el agente doble es el más importante de todos los espías y, por ello, ha de ser el que mejor trato reciba.

Los líderes sabios emplean como espías a sus hombres más inteligentes, pues saben que sin la información que estos proporcionan ninguna campaña puede llegar a buen término.

EDITATUM

Libros para crecer

www.editatum.com

Nuestras colecciones

Guías para todos aquellos que deseen ampliar sus conocimientos sobre asuntos específicos, grandes personajes, épocas, culturas, religiones, etc., ofreciendo al lector una amplia y rica visión de cada una de las temáticas, accesibles a todos los lectores.

Guías para gestionar con éxito un negocio, vender un producto, servicio o causa o emprender. Pautas para dirigir un equipo de trabajo, crear una campaña de *marketing* o ejercer un estilo adecuado de liderazgo, etc.

Guías para optimizar la tecnología, aprender a escribir un blog de calidad, sacarle el máximo partido a tu móvil. Orientaciones para un buen posicionamiento SEO, para cautivar desde Facebook, Twitter, Instagram, etc.

Guías para crecer. Cómo crear un blog de calidad, conseguir un ascenso o desarrollar tus habilidades de comunicación. Herramientas para mantenerte motivado, enseñarte a decir NO o descubrirte las claves del éxito, etc.

Guías prácticas dirigidas a la salud y el bienestar. Cómo gestionar mejor tu tiempo, aprenderás a desconectar o adelgazar comiendo en la oficina. Estrategias para mantenerte joven, ofrecer tu mejor imagen y preservar tu salud física y mental, etc.

Guías prácticas para la vida doméstica. Consejos para evitar el *cyberbulling*, crear un huerto urbano o gestionar tus emociones. Orientaciones para decorar reciclando, cocinar para eventos o mantener entretenido a tu hijo, etc.

Guías prácticas dirigidas a todas aquellas actividades que no son trabajo ni tareas domésticas esenciales. Juegos, viajes, en definitiva, hobbies que nos hacen disfrutar de nuestro tiempo libre.

Guías para aprender o perfeccionar nuestra técnica en deportes o actividades físicas escritas por los mejores profesionales de la forma más instructiva y sencilla posible.

Autores para la formación

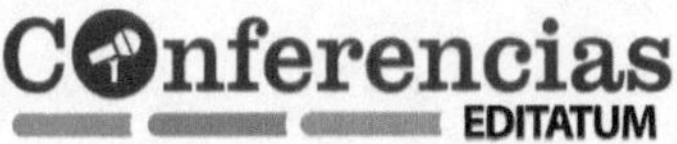

Editatum y GuíaBurros te acercan a tus autores favoritos para ofrecerte el servicio de formación GuíaBurros.

Charlas, conferencias y cursos muy prácticos para eventos y formaciones de tu organización.

Autores de referencia, con buena capacidad de comunicación, sentido del humor y destreza para sorprender al auditorio con prácticos análisis, consejos y enfoques que saben imprimir en cada una de sus ponencias.

Conferencias, charlas y cursos que representan un entretenido proceso de aprendizaje vinculado a las más variadas temáticas y disciplinas, destinadas a satisfacer cualquier inquietud por aprender.

Consulta nuestra amplia propuesta en:
www.editatumconferencias.com y organiza eventos de interés para tus asistentes con los mejores profesionales de cada materia.

Otros libros del autor

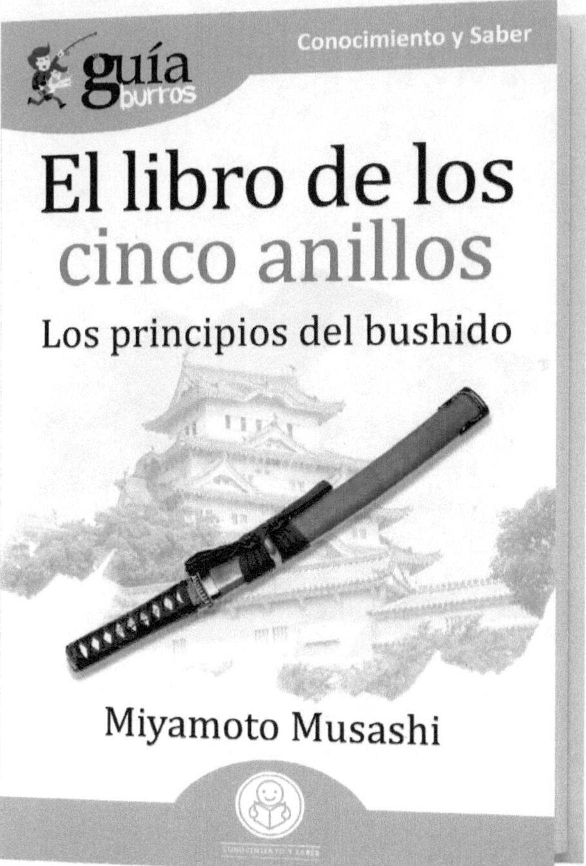

GuíaBurros El libro de los cinco anillos

Los principios del Bushido

https://www.librocincoanillos.guiaburros.es

GuíaBurros Con qué filósofo te quedas

Historia del pensamiento filosófico

https://www. www.conquefilosofotequedas.guiaburros.es

Otros libros de la colección

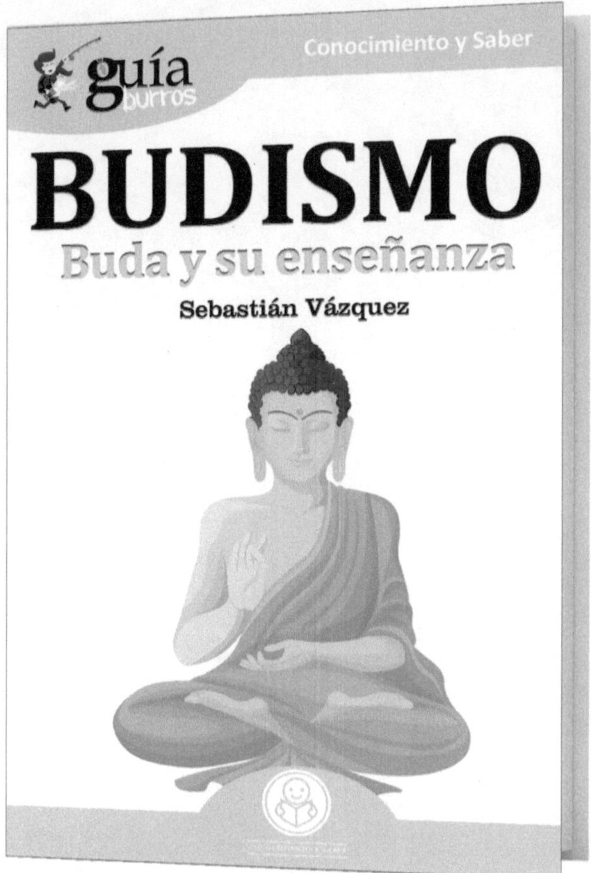

GuíaBurros Budismo

Buda y su enseñanza

https://www.budismo.guiaburros.es